[redacted]

La Dompteuse de rêves

Lucie Papineau

La Dompteuse de rêves

roman

Boréal

Maquette de la couverture : *Rémy Simard*
Illustrations : *Pierre Berthiaume*

Dépôt légal : 1er trimestre 1991
Bibliothèque nationale du Québec

Diffusion au Canada : Dimedia

Données de catalogage avant publication (Canada)

Papineau, Lucie

La dompteuse de rêves
(Boréal Junior ; 8)
Pour les jeunes.

ISBN 2- 89052-383-7

I. Berthiaume, Pierre, 1956- . II. Titre. III. Collection

PS8581.A66D65 1991 jC843'.54 C91-096094-1
PS9581.A66D65 1991
PZ23.P36Do 1991

Pour Gates,
mon ami de toujours

L'auteur tient à remercier le ministère des Affaires culturelles, qui a facilité l'écriture de ce roman en lui attribuant une bourse.

Elle désire aussi souligner la précieuse participation de M. Yves Moreau, spécialiste du folklore bulgare.

Il pleut des miettes de biscuit

Mais qu'est-ce qui pique comme ça ? Ah non, Lulu a encore goinfré plein de biscuits soda dans mon lit hier soir, pendant que j'étais chez Yannick. Tu parles d'un réveil... Pas besoin d'être sensible comme une princesse pour avoir la peau tout écorchée quand on dort dans un lit de miettes de biscuit !

C'est incroyable les horreurs qui peuvent arriver lorsqu'on est dotée d'une monstrueuse petite sœur de six ans... Une sœur de six ans qui n'a rien d'autre à faire que de jouer avec ses chouchous (ses camions de pompier, ses poupées, ses ours en peluche et surtout sa perruche verte — pouah — en chair et en plumes). Ou de piquer une de ses crises (je pense qu'elle est rendue à la trente-deuxième cette semaine). Ou de mettre des miettes de biscuit partout. Et, surtout, de ne jamais lâcher sa sœur Marcelle d'une semelle.

Mais aujourd'hui, parole de Marcelle Nadeau, Lulu ne pourra pas me suivre. Elle ne saura jamais où je suis allée. Parce que aujourd'hui est une journée spéciale. Très, extrêmement spéciale. Une journée que je prépare depuis déjà plusieurs semaines. Une journée secrète. Très, extrêmement secrète. Même mon ami Yannick n'est au courant de rien !

Bon ! Voilà que j'ai des miettes de biscuit collées dans le dos en plus.

Zut. Je vais lui dire tout de suite ma façon de penser à ma chromo de petite sœur.

J'ouvre la porte de sa chambre, bang ! Elle dort encore la chipie, une boîte de biscuits soda tout près d'elle. Et, dans sa main, elle tient bien serrée son espèce de lampe de poche fluo, celle qui s'éteint toute seule. Elle ne peut pas s'endormir sans sa lampe de poche, Lulu. Elle a trop peur de faire des cauchemars... Ouais. Je vais lui parler une autre fois des fichues miettes de biscuit.

Ma mère, Anne-Lyse, doit déjà déjeuner : ça sent le café tout frais. Je m'assois devant elle avec deux énormes rôties aux bananes et un grand verre de lait. Puis je mets plein de sirop au chocolat dans mon verre. Anne-Lyse ne lève même pas les yeux de son journal pour me lancer :

— Ne mets pas trop de chocolat, Marcelle, c'est terriblement sucré et tu sais que ce n'est pas bon pour tes dents, ni...

— Je sais, maman, je sais.

N'empêche que, comme je suis certaine qu'elle ne regarde pas, je rajoute encore un peu de chocolat. J'ai décidé qu'il fallait que je devienne moins maigrichonne. Sinon, je ne ressemblerai jamais à une vraie fille ! Elle ne comprend rien à ce genre de chose, Anne-Lyse. Mais moi, je sais additionner. J'ai vu tout de suite que ma voisine Geneviève Beauchamp a quelque chose de plus que moi. Je l'ai vu tout de suite quand ses petits bouts de sein ont commencé à pousser. Même qu'elle ne veut plus se chamailler avec personne parce que ça lui fait mal quand on y touche. Et puis elle m'a confié que des fois, ça pique !

Ça alors ! Geneviève Beauchamp, elle mange beaucoup plus que moi. Elle a toujours faim et ne ressemble pas du tout à une échalote. Alors vive le lait au chocolat et les rôties aux bananes ! Mais moi, je n'arrêterai jamais de me chamailler avec les garçons...

— Alors Marcelle, tu vas au terrain de jeux aujourd'hui ?

— Hum, hum...

— Moi aussi je veux y aller au terrain de jeux !

Bon ! Voilà Lulu qui arrive avec, bien sûr, sa perruche Chouchou sur la tête. Chouchou effectue un vol plané et atterrit juste à côté de mon assiette. Il (c'est une perruche garçon, comme dirait Lulu) commence à picoter mes bananes.

— Ah non ! Chouchou, pas dans mon assiette !

Il lève sa petite tête, roucoule un peu et se pose sur mon épaule. Puis se met à siffler exactement comme je lui ai appris.

— Tu vois Marcelle, je te l'avais dit qu'il était intelligent, mon Chouchou !

— Hum, hum...

Au fond c'est vrai, il n'est pas si mal pour une perruche, Chouchou. Depuis que je lui ai sauvé la vie, il est très affectueux avec moi. Dès que j'entre à la maison, il se jette sur mes cheveux et joue dedans comme si c'était une forêt tropicale ! Et puis il sait chanter de toutes sortes de manières et il peut même répéter des petits trucs que je lui apprends. Pas si mal, pour une tête de linotte...

Bof ! Je vais aller m'habiller. Je sais déjà ce que je vais mettre : j'ai tout prévu pour aujourd'hui, tout prévu pour mon expédition. Pendant que le monde entier va penser que je suis au terrain de jeux, je vais explorer une maison magique. Une vieille et affreuse maison qui a sûrement appartenu à un sorcier avant d'être abandonnée. La maison du méchant Zorathastrou.

Me voilà prête. Enfin presque...

Mes fichues barrettes ont encore disparu !

— Lulu ! Où t'as mis mes barrettes ?

Pas de réponse. C'est toujours la même chose, chaque matin... Je me réveille avec des miettes dans le dos et je ne trouve plus mes barrettes. Une chance qu'aujourd'hui il fait beau. Une chance que je me suis levée du bon pied. Tiens ! Voici une de mes barrettes dans la cage de Chouchou...

— Chouchou, qu'est-ce que t'as fait avec mon autre barrette ? Tu ne l'as pas avalée, au moins, sale petit chromo !

— Mon Chouchou c'est pas un chromo.

— Alors qu'est-ce que ma barrette fait dans sa cage ?

Honteuse, Lulu me remet celle qui avait disparu.

— J'ai un petit peu joué avec hier soir, qu'elle dit. Pas beaucoup...

Elle le sait pourtant très bien que je ne veux pas qu'elle joue avec mes barrettes. Je ne peux pas vivre sans elles ! Une énorme frange frisée, sans barrettes, c'est comme, c'est comme... c'est comme avoir Lucille Nadeau comme seule et unique sœur. Et vlan !

— Bon ! tu viens Lulu, on s'en va au terrain de jeux.

— T'es pas fâchée, alors ?

— Hum, hum...

— T'es certaine que tu n'es pas fâchée ?

— Allez viens, on y va.

— J'arrive !

Ça, c'est elle qui le dit... Va falloir que j'attende au moins une demi-heure, comme d'habitude. Le temps qu'elle dise adieu à tous ses petits chouchous, qu'elle embrasse maman au moins trente-deux fois et peut-être même qu'elle écrive son testament au cas où le ciel lui tomberait sur la tête !

— Tu viens Lulu ?

— J'arrive !

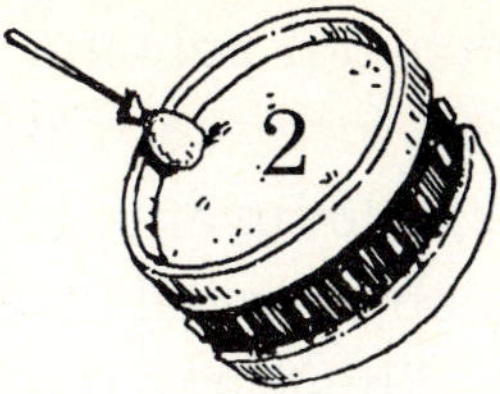

Non !

Le ciel est fichument bleu et le vent fichument doux. Journée parfaite pour la grande aventure ! J'attrape Lulu par la main et la remorque derrière moi, au cas où elle aurait la mauvaise idée de commencer à flâner. C'est que d'habitude, ma sœur, elle met au moins une heure à parcourir un coin de rue. Sans exagérer ! Tout ce qu'elle peut trouver par terre, c'est fantastique... Des petits cailloux en passant par des cartes à jouer, des crayons qui ne marchent plus jusqu'aux yeux de caniche en peluche : tout l'intéresse. C'est une collectionneuse-née ! En plus, elle invente une histoire pour chaque objet qu'elle trouve.

Le genre d'histoires qui n'intéressent pas du tout quelqu'un comme moi. Quelqu'un qui vient d'avoir onze ans et qui va vivre une grande aventure...

— Pas si vite, Marcelle ! Qu'est-ce qui te prend ?

— Rien. J'ai seulement hâte d'arriver. Pas toi ?

— Oui... Mais j'ai vu un bâton de *popsicle* et je n'ai même pas eu le temps de le ramasser !

— Tu le prendras en revenant, voyons. Tu sais bien qu'il n'y a personne d'autre que toi qui collectionne les vieux bâtons de *popsicle*...

— NON ! C'est pas vrai !

Ça y est, je sens la crise numéro 33 prête à exploser. Lulu va bientôt éclater en sanglots, piétiner de colère, gémir à fendre l'âme de tous les habitants de toute la ville au complet...

— Ça va ! On va le ramasser ton bâton... Mais après on va courir un peu, tu veux ?

Sourire à faire fondre tous les cœurs de tous les habitants de la ville au complet. Et puis la voilà qui me serre dans ses bras. Ah non ! Pas devant tout le monde ! Et puis zut, je l'embrasse sur la joue, ramasse son ridicule bâton de *popsicle*, lui prends la main... et nous voilà parties en courant.

J'aime bien le terrain de jeux. Au terrain de jeux, les petites filles de six ans ne passent pas leur journée avec les grandes filles de onze ans. Pas du tout ! Il y a des activités différentes selon « le groupe d'âge auquel on appartient ». Une idée géniale, il faut bien l'admettre ! Comme ça, Lulu non plus ne saura pas que je pars en expédition.

Personne ne le saura.

— Marcelle, j'aimerais mieux rester avec toi, aujourd'hui... Tu veux ? Dis que tu veux !

Seigneur ! Elle a appris à lire dans mes pensées maintenant ! Ça ne peut pas être vrai...

— Marcelle, pourquoi tu ne dis rien ?

La voilà donc qui me regarde avec deux yeux bleus tout embués. Les mêmes que lorsqu'elle veut que papa Charles lui achète un cadeau. Ça ne marchera pas avec moi ces petits yeux-là. Si je n'ai pas dit mon secret à Yannick, je ne vois pas pourquoi je le dirais à Lulu.

— Tu ne peux pas Lulu, il faut que tu restes avec les petits de ton âge !

— NON !

— Tu vas voir, c'est beaucoup plus amusant... Et puis il y a, hum, comment elle s'appelle déjà la monitrice que tu aimes ?

— NON !

Il ne faut pas que je m'énerve. Maman m'a déjà expliqué que c'est normal, c'est l'âge du NON. À ce qu'il paraît, c'est comme ça qu'on « affirme son identité » . Chez les enfants ordinaires, elle ne dure pas tellement longtemps cette période. Mais chez les Nadeau, ça commence vers deux ans pour se terminer vers huit ans ! Seigneur ! À ce qu'il paraît j'étais encore pire que Lulu à son âge. Hum ! Ça m'étonnerait...

— Lulu, arrête de dire non pour rien.

— Ce n'est pas pour rien !

— Écoute... Si tu vas avec les petits, je vais te raconter une histoire avant de t'endormir ce soir.

— NON !

— Et puis tu vas pouvoir porter mes barrettes pendant toute la nuit !

— NON !

— Zut ! Tu as gagné ! Tu vas pouvoir dormir dans mon lit !

Ouf, voilà revenu le sourire qui fait fondre le cœur de tous les pauvres moniteurs du terrain de jeux. Ouf, mon expédition secrète est sauvée. Lulu ne peut pas résister à ça : dormir dans mon lit, pour elle, c'est ce qui se fait de mieux en matière d'assurance contre les cauchemars... Et les cauchemars, c'est son plus grand cauchemar !

La ruelle qui n'existe pas

— Marcelle, Marcelle, où tu vas ?

Ah non, pas ça, pas elle...

— Marcelle, Marcelle, attends-moi.

— NON !

— Je vais le dire à maman que tu te sauves du terrain de jeux !

— NON !

Ça y est, me voilà retombée en enfance. Directement dans la période du NON ! Mais pourquoi Lulu n'est-elle pas avec sa monitrice préférée ?

Pourquoi faut-il qu'elle me suive justement aujourd'hui ? Vite ! Je dois trouver un moyen de l'en empêcher !

— Lulu, qu'est-ce que tu fais ici ?

— Je fais comme toi, je me sauve !

— Mais je ne me sauve pas, voyons... Je n'ai pas envie de jouer au ballon volant alors je m'en vais chez Yannick. Ne t'inquiète pas, je vais revenir te chercher pour le dîner.

— Je veux aller avec toi, je ne veux pas rester ici toute seule !

— Mais tu n'es pas toute seule Lulu... Il y a ta monitrice, et puis tous tes amis... En plus je t'ai promis de dormir avec toi ce soir. As-tu oublié ?

Ça y est, ça recommence, elle va pleurer... Elle va ameuter la ville au complet. Elle va tout faire rater !

— Bon ! viens-t'en, chromo ! Et dépêche-toi !

Je l'attrape par la main et la remorque à nouveau derrière moi. On se retrouve dans la rue en deux temps trois mouvements. Elle est tellement contente qu'elle n'a même pas remarqué que je l'ai traitée de chromo !

Le ciel est fichument bleu et le vent fichument doux quand même. Je sens que mes bouts de seins vont peut-être commencer à pousser aujourd'hui... Enfin, si Lulu ne me fait pas retomber en enfance avec toutes ses crises !

— Marcelle, Marcelle, où on va ? Ce n'est pas par là chez Yannick !

— On ne va pas chez Yannick. J'ai changé d'idée.

— Où on va ?

— Dans la maison du sorcier Zorathastrou. C'est une maison hantée. Une maison qui a brûlé trois fois. Une maison archi-dangereuse avec des ogres, des sorcières à trois bosses, des vampires volants et tout... Pas du tout le genre d'endroit pour une petite fille de six ans.

Lulu ne dit rien, les yeux agrandis

par des visions de cauchemar. Mais elle me serre la main encore plus fort, bien décidée à me suivre partout où j'irai. On a la tête dure, dans la famille ! Bof ! Elle aura peut-être la tête un peu plus molle quand elle connaîtra la suite de mon histoire. Peut-être même qu'elle va changer d'idée et retourner au terrain de jeux !

— Dans cette maison-là, Lulu, il y a une fenêtre qui n'a même plus de vitre. Une fenêtre qui s'ouvre exactement comme une bouche d'ogre géant...

— Biark !

— Et par cette fenêtre, sais-tu ce qu'on voit ? On voit une ruelle, une ruelle pas du tout comme les autres.

— Pourquoi, pas comme les autres ?

— Parce que... quand on est à l'extérieur, devant ou derrière la maison, on ne la voit pas cette ruelle. J'ai bien regardé... Personne ne l'a jamais vue, sauf ceux qui sont entrés à l'intérieur de la maison de Zorathastrou et qui ont regardé par la fenêtre. C'est une ruelle qui n'existe pas !

— Ça se peut pas !

— Je te le jure, je l'ai vue ! Et tu ne sais pas ce qu'on va faire ?

— On va aller chez Yannick.

— Mais non ! On va sortir par la fenêtre et on va explorer la ruelle. Je suis certaine que c'est une ruelle magique, comme un passage secret vers un autre monde... On va découvrir un monde secret, Lulu.

— NON ! Je ne veux pas y aller !

— Alors retourne au terrain de jeux.

— NON ! Je vais le dire à maman.

Zut! On ne s'en sortira jamais ! Pour une fois que j'avais découvert quelque chose de vraiment excitant, de vraiment pas ordinaire. Pour une fois que j'avais découvert une autre dimension ! Pour une fois que j'avais un vrai secret...

— Marcelle... Tu n'as pas peur,

toi, d'aller dans la ruelle ?

— Mais non voyons !

— Alors j'y vais avec toi !

Elle me dit ça avec son plus grand sourire, comme si ça devait me faire plaisir... Enfin, tant pis, ou peut-être tant mieux ! Elle va avoir la peur de sa vie, Lulu. Parole de Marcelle Nadeau.

Nous voilà rendues devant la maison. La rue est déserte, personne ne nous verra entrer. La porte n'est pas verrouillée, comme je l'avais prévu. Il y a un genre de X en bois cloué dessus, mais c'est facile de se faufiler...

— C'est ici, Lulu. Avant d'entrer, tu dois faire trois bonds de ouaouaron.

— Pourquoi ?

— Pour conjurer le sort. Tous ceux qui sont entrés ici sans faire trois bonds de ouaouaron n'en sont jamais ressortis !

La voilà donc qui se met à quatre

pattes et qui bondit trois fois, comme une grenouille !

— *Ouaouaron, gros yeux ronds*
Ouaouaron, tête de bidon
Ouaouaron, tourne en rond
Ouaouaron, nez de cochon !

Je prononce les « paroles magiques » en posant ma main sur la tête de Lulu. Si Yannick nous voyait, qu'est-ce qu'il rirait ! Moi, je réussis à avoir l'air tout à fait sérieuse. Tellement sérieuse que Lulu est vraiment impressionnée. Tellement sérieuse que je dois respirer un grand coup pour être certaine de ne pas avoir peur.

— Tu es sûre que ce n'est pas dangereux Marcelle ?

— Mais non, plus maintenant. Tu es protégée par la formule magique ! Vas-y, entre !

— NON ! Vas-y en premier !

— *La plus petite*
la première entrera
Et le ouaouaron
magique la protégera...

— Qui t'a dit ça ?

— Le sorcier voyons !

Tremblante, Lulu pousse la porte et se glisse sous le grand X en bois. Il fait très sombre dans la maison et tout est poussiéreux, noirci par la fumée. On pourrait entendre une araignée tisser sa toile, tellement c'est silencieux... Lulu s'accroche à la manche de mon chandail et ne souffle pas mot. « Cric crac, cric crac » , chuchotent les vieilles planches sous nos pas. Je murmure à l'oreille de ma sœur :

— Marche doucement, il ne faut pas faire de bruit... C'est ici que viennent dormir les Rokcroks* pendant le jour. Fais bien attention de ne pas les réveiller, ils sont en train de digérer nos rêves !

---

* Les Rokcroks sont de gentils petits monstres qui se nourrissent des rêves des enfants. Voir *La Dompteuse de perruche*.

Lulu écarquille encore plus grand les yeux et s'accroche encore plus fort à ma manche.

— Viens par ici. Tu vois, la fenêtre est tout au fond.

Le jour entre à peine par la fenêtre borgne. Dans les maigres rayons du soleil se promènent des milliers de millions de grains de poussière. On dirait presque de la fumée qui serait restée emprisonnée depuis que la maison a brûlé ! La fenêtre s'ouvre sur une ruelle étroite et sale, la ruelle qui n'existe pas. Pas très rassurée moi-même, j'essaie de me convaincre que ce n'est pas dangereux du tout de pénétrer dans une autre dimension. Et puis peut-être que ce n'est même pas une autre dimension. Peut-être qu'il y a une explication tout à fait ordinaire à ce qui nous arrive...

J'ouvre le vieux volet orphelin et grinçant. Sans attendre que je le lui demande, Lulu se met à faire trois bonds de ouaouaron en récitant la formule magique. Ça ne me donne même pas envie de rire tellement je me demande ce qui nous attend dans la ruelle. On ne peut plus reculer maintenant... J'enjambe la fenêtre et saute de l'autre côté. Puis j'aide Lulu à descendre. Tout semble se dérouler comme dans un film au ralenti. Il n'y a personne, personne d'autre que nous. C'est sûrement une ruelle fantôme. Quelle horreur !

— Marcelle, j'ai peur...

Et la revoilà qui se met à sauter comme un ouaouaron ! Et me revoilà qui récite la formule du prince des ouaouarons :

— *Ouaouaron, gros yeux ronds*
Ouaouaron, tête de bidon...

Mais qui peut bien rire comme ça ? On ne voit pourtant personne... Lulu s'agrippe à mon bras de toutes ses forces et ferme aussi fort les yeux.

— Marcelle, le sorcier est ici... Le

sorcier Zarothristou va nous faire cuire et nous manger !

— Ce n'est pas Zarothristou, c'est Zorathastrou !

— Il va nous manger quand même... Maman !

Le rire venu de nulle part fuse à nouveau. Ouais. Il me semble bien le reconnaître ce rire-là. En tout cas, je suis certaine de le connaître dans mon monde à moi... Mais qui peut bien rire ainsi dans une autre dimension !

Lulu s'est mise à pleurer, à verser des torrents de larmes, à hoqueter et même à trépigner. Ça ne peut plus durer comme ça ! À grandes enjambées je m'approche du tas de vieilles poubelles traînant au fond de la ruelle. Il m'a semblé que le rire sadique venait de ce coin-là. Lulu s'accroche à ma manche en criant NON, à tout hasard. Juste comme nous arrivons devant la plus grosse poubelle, celle-ci roule par terre dans un fracas de métal cabossé. Quelqu'un ou quelque chose bondit devant nous en criant.

— Je suis le méchant Zorathastrou et je ne vais faire qu'une bouchée de deux petites filles comme vous !

Et la chose éclate de son rire horrible. Au secours, prince des ouaouarons ! À l'aide ! Je n'ai même pas le temps de respirer que je suis déjà rendue à l'autre bout de la ruelle. Ah non ! Lulu est restée là-bas ! Elle doit être pétrifiée comme une statue de sel, une statue glacée par la peur...

— Marcelle, Marcelle, ce n'est pas un monstre, c'est Yannick !

Non, ce n'est pas vrai... Je me retourne lentement et sens mes oreilles devenir rouges, écarlates et bouillonnantes. Lulu et le « monstre » Yannick rient comme des petits fous. De moi, évidemment ! Yannick en rajoute même en imitant nos bonds de ouaouarons ! Ça alors... Moi qui voulais donner à ma petite sœur la peur de sa vie. C'est mon cœur à moi qui a fait les plus gigantesques bonds de ouaouaron de la journée ! Ça ne se passera pas comme ça. Et puis qu'est-ce qu'il fait là, Yannick, dans la ruelle qui n'existe pas ? Il me semblait qu'on était supposé tout se dire, lui et moi. Il faut que je trouve quelque chose, sinon il va penser que je suis juste un bébé !

— Lulu, ne reste pas là... Tu sais bien qu'on est dans une autre dimension ! Ce n'est pas Yannick, c'est le sorcier Zorathastrou déguisé en Yannick... Je te le dis, ne reste pas là !

Perplexe, Lulu me regarde sans savoir quoi faire. Lui, amusé par toute cette histoire, me fait un clin d'œil à moitié manqué. Il y a deux secondes, je n'étais pas tout à fait convaincue que le sorcier et Yannick ne faisaient qu'un. Mais maintenant je le suis... Il n'y a personne d'autre qui peut rater ses clins d'œil de cette façon-là ! Et il n'y a personne d'autre qui est encore plus échalote que moi !

Lulu tourne alors sa tête vers lui. Il n'attendait que ça pour refaire le coup du sorcier mugissant, les deux bras en l'air et les doigts aussi crochus que des serres d'oiseau de proie.

Ma sœur bondit comme une balle de ping-pong et se précipite sur moi.

— N'aie pas peur Lulu, le sorcier ne peut rien contre nous... Nous sommes protégées par la formule magique ! C'est un sorcier apprivoisé. Tu vas voir, je vais lui parler... Zorathastrou !

— Tu oses m'adresser la parole, mortelle...

— Grand Zorathastrou, je t'en prie, accueille-nous dans ta dimension. Nous avons suivi un long chemin pour arriver jusqu'ici, ma sœur et moi. Nous avons su conjurer le sort grâce au prince des ouaouarons et nous n'avons pas troublé le sommeil des Rokcroks. Nous avons eu le courage de pénétrer dans la ruelle qui n'existe pas en passant par la fenêtre de ta maison. Je t'en prie, grand sorcier, ne nous fais pas de mal... Je t'en prie, accueille-nous dans ta dimension...

Yannick sourit jusqu'aux oreilles. Il commence à comprendre à quoi on joue, il commence à comprendre l'histoire que j'ai inventée pour Lulu. Et je pense qu'il s'amuse comme un fou ! Quand on était plus petits, c'était toujours lui qui faisait le vampire, le fantôme ou le sorcier dans nos pièces de théâtre improvisées...

— Bien. Pour cette fois-ci, je consens à vous accueillir dans ma dimension. Je crois même que je vais vous la faire visiter !

Lulu bat des mains en sautant de joie. Elle va s'en souvenir toute sa vie de sa journée au pays du mystérieux

Zorathastrou. Moi, j'ai compris bien vite qu'il n'y avait rien de très mystérieux dans cette ruelle. C'est tout simplement un cul-de-sac ! D'un côté, elle débouche sur une autre ruelle et, de l'autre, elle s'arrête tout sec devant une vieille maison. J'aurais dû y penser ! Mais les labyrinthes de ruelles comme celui-là, faut dire que c'est plutôt rare.

Le mystère, c'est plutôt mon ami Yannick... Il ne vient pas souvent au terrain de jeux depuis un moment. Je croyais qu'il passait son temps à lire, il aime tellement ça. Et voilà qu'aujourd'hui je le retrouve dans une ruelle en cul-de-sac, caché derrière une poubelle en plus !

— Venez, suivez-moi, dit le « sorcier ». Je vous emmène sur ma montagne sacrée.

Eh bien ! Moi qui pensais connaître mon ami comme le fond de mon sac d'école...

Sur la montagne de Zorathastrou

La montagne du sorcier n'est qu'à quelques minutes en autobus. Enfin, ce n'est pas tout à fait un autobus si on en croit ce que Yannick a dit à Lulu... Dans sa dimension, les autobus s'appellent « zarautobustos » et ils s'envolent parfois quand on le veut très fort. Lulu lui a dit, après avoir beaucoup réfléchi, qu'elle ne voulait pas fort du tout que l'autobus s'envole... On a bien ri, et d'ailleurs on riait encore quand on est descendus à l'arrêt de l'avenue du Parc.

La montagne du sorcier, je trouve qu'elle ressemble pas mal au mont Royal... Elle ressemble même au mont Royal comme deux gouttes d'eau, avec ses arbres qui balancent leurs feuilles par une belle journée pleine de vent et de ciel bleu. Lulu ne quitte plus des yeux le sorcier, son nouveau héros.

— Par ici, mesdames, dit Yannick en nous saluant bien bas comme si on était dans un film de robes longues.

— Je vous en prie, monsieur, que je réponds comme si j'avais dit ça toute ma vie....

Et je fais la révérence en prenant bien soin de tenir les pans d'une jupe imaginaire, aussitôt imitée par Lulu. Malgré nos longs jupons, nous courons sur le gazon de la montagne sacrée. Il y a du monde partout, du monde de toutes les couleurs !

Un chien jaune pas très beau, mais

l'air tout à fait gentil, nous approche en ballottant sa queue.

— Sur ma montagne, les chiens se promènent sans laisse, proclame le sorcier.

Tout fier, il s'adresse au chien qui lèche la main de Lulu.

— Zaza, assis !

Le chien le regarde d'un air ahuri puis continue de plus belle à lécher la main de Lulu. Celle-ci rit de plaisir. C'est que ça chatouille une langue de chien, même quand c'est une langue de chien ahuri ! Le sorcier prend une voix caverneuse pour répéter son ordre.

— Zaza, assis !

L'ahuri ne daigne même pas le regarder.

— Sur ma montagne, les chiens n'obéissent jamais aux humains ! déclare Yannick avec un sourire un peu jaune.

Juste à ce moment quelqu'un siffle

très fort entre ses dents et « Zaza » , comme un vrai yoyo, décampe en courant. Lulu regarde Yannick avec des yeux en points d'interrogation, plus très sûre de ses pouvoirs de sorcier...

— Sur la montagne les chiens obéissent seulement lorsque quelqu'un siffle, que je dis bien vite pour sauver la situation.

— Par ici, venez, ajoute le sorcier réhabilité, il y a une fête sur ma montagne !

* * *

C'est pourtant vrai qu'il y a une fête sur le mont Royal. On croise plein de chiens jaunes et aussi des noirs qui se promènent sans laisse. Et puis il y a surtout une foule de monde ! Il y en a qui jouent avec une drôle de petite balle, il y en a qui sont assis par terre, certains se promènent à vélo ou parlent ou rient, il y en a même qui se font bronzer... On se croirait vraiment dans une autre dimension ! Enfin ça ne ressemble ni à l'école, ni au terrain de jeux, ni au lac Gérard*.

Yannick nous entraîne vers un endroit où il y a de grosses statues. Je me rappelle, on est déjà venus ici avec Charles, mon père, un jour d'automne. Mais ce n'était pas comme ça, il n'y avait pas toutes sortes de gens bizarres ni de grande fête ! Et puis on entend des tambours, exactement comme dans les documentaires sur les pays « en voie de développement ». Drôle de nom pour des pays...

Lulu sourit aux anges, elle adore les fêtes ! Elle doit s'imaginer qu'on va bientôt bouffer du gâteau et souffler des chandelles en faisant des vœux...

— C'est triste que Chouchou ne soit pas là pour voir ça, dit-elle tout à coup.

---

* Voir *La Dompteuse de perruche.*

— Il est déjà venu ici, ton Chouchou. Tu ne savais pas que chaque nuit il se métamorphose en chauve-souris...

— Pouah !

— C'est très gentil une chauve-souris, voyons. Et puis grâce à son pouvoir, Chouchou est le messager de l'autre dimension !

Lulu ne répond pas, tout excitée par le vieux sept de pique froissé qu'elle vient d'apercevoir près d'un buisson. Elle a beau courir le plus vite possible, une petite main sale, surgie de derrière les branches, s'empare de la carte avant elle. Ma pauvre sœur s'arrête d'un coup sec, estomaquée. Il fallait bien explorer une nouvelle dimension pour découvrir quelqu'un d'autre s'intéressant aux vieux sept de pique et aux dames de cœur noircies...

Yannick s'approche des buissons à grands pas de loup. Il prend Lulu la statue-de-sel (décidément, c'est une nouvelle manie chez elle) par la main et dépose son doigt sur ses lèvres.

— Viens ma petite, approche. Nous allons découvrir le terrain de jeux des lutins.

Intriguée, je m'approche aussi. Entre les buissons touffus et disposés en rond, on découvre une espèce de clairière. Personne ne peut l'apercevoir du chemin tellement les arbustes sont plantés en rangs serrés. Dans la clairière, quatre petits enfants de l'âge de Lulu sont assis et jouent tranquillement. Il fait sombre et clair à la fois derrière les arbres, comme si on avait branché un éclairage de cinéma.

— Ne faites pas de bruit, dit Yannick. Il ne faut pas qu'ils nous entendent... Ces quatre petits lutins sont protégés par un cercle de Trolls.

— Qu'est-ce que c'est, des Trolls ? demande Lulu.

— Ce sont de très très vieux lutins, tellement vieux qu'ils sont toujours assis en rond, à jouer aux cartes. Ils sont assis depuis tellement longtemps qu'ils ont pris racine et se sont transformés en arbres ! Pour pouvoir entrer dans leur cercle et jouer avec les petits lutins, il faut connaître les paroles magiques...

Sans hésiter une seconde, Lulu sautille en murmurant la comptine du ouaouaron puis se glisse en rampant entre deux buissons. Le petit garçon au sept de pique se retourne et la regarde en souriant.

— C'est toi qui voulais prendre ma carte ?

— Je ne savais pas qu'elle était à toi, répond timidement Lulu. C'est parce que je fais une collection.

— C'est pas grave. Tiens, je te la donne...

On dirait bien que Lulu s'est fait un ami ! Sans bruit, Yannick et moi on s'éloigne un peu pour s'asseoir sur un banc. J'ai l'impression d'être tombée sur la tête tellement tout est bizarre aujourd'hui... À seulement cinq pas de la clairière magique, la foule se promène sans se douter de rien, les tambours jouent de plus belle et les chiens jappent juste pour le plaisir d'entendre le son de leur voix. On croirait vraiment que le cercle de Trolls est une petite forêt enchantée, cachée en plein milieu de la ville. Et le mot de passe pour y entrer, c'est tout simplement d'avoir six ans. Sinon, on est beaucoup trop grand pour pouvoir se faufiler entre les branches !

Yannick rit de voir ma tête, je dois avoir l'air aussi ahuri que le chien Zaza. C'est à se demander si c'est seulement pour Lulu qu'il a décidé de jouer au sorcier... C'est à se demander si ce n'est pas aussi un peu pour moi...

Soudain, il passe sa main sur mon front et essaie de replacer les cheveux qui tombent sur mes yeux.

— Zut ! Avec tout ça j'ai oublié

d'arranger mes barrettes, que je m'empresse de dire pendant que mes oreilles se mettent à chauffer encore une fois.

— Je vais le faire pour toi, dit le sorcier Zorathastrou en prenant un air inspiré et en bondissant sur ses pieds.

Toupet frisé
Vas-tu m'écouter ?
Toupet frisé
Tu dois te placer...

— Arrête de rire de moi espèce de chromo !

Pendant que je fais ce que je peux pour contenir la frange au complet dans mes deux pauvres petites barrettes, Yannick se met à parler à un des garçons à bicyclette. Ce garçon-là, on peut dire qu'il ne lui ressemble pas du tout ! Il est tout trapu, tout gros même dans sa combinaison fluo. Et puis il porte des lunettes jaunes qui ressemblent à des lunettes de ski. Et puis il a une petite queue de cheval, complètement raide tellement il y a mis de mousse coiffante ou quelque chose du genre. Ça alors ! Je dirais qu'il a l'air d'avoir au moins quatorze ans !

Yannick semble bien le connaître, ils parlent d'un autre garçon que je n'ai jamais vu. Le gros fluo lui donne enfin une tape sur l'épaule, se retourne pour me dire « Tchao » et va rejoindre sa bande. Ils portent tous des combinaisons moulantes, d'horribles lunettes de ski et ils ont tous des bicyclettes de montagne. On dirait une future bande de motards !

Mon père m'a dit que ce n'était pas une très bonne idée de faire du vélo de montagne sur le mont Royal. Ça détruit la pauvre petite flore qui a déjà bien du mal à pousser et peut-être aussi la faune, je ne m'en souviens plus... Je devrais peut-être le dire au gros fluo, il ne doit certainement pas le savoir. Et puis non. Je n'ai pas envie de lui parler. Je ne le trouve pas sympathique du tout le gros fluo. Je me demande comment ça se fait que Yannick le connaît.

— Dis donc Yann, on dirait que tu viens souvent ici !

— Des fois...

— C'est pour ça que tu ne viens plus au terrain de jeux ?

— Pas juste pour ça...

Bon. Zorathastrou se met à faire des mystères. Tant pis pour lui, ce n'est pas moi qui vais le supplier de parler ! Je me retourne vers le « cercle des Trolls » et me mets à siffloter entre mes dents.

— Marcelle, je suis content que tu sois là aujourd'hui. Ça ne sert à rien de bouder... Tu vas voir, il y a encore plein de choses que je veux te montrer. Oups ! Pardon, madame, plein de trucs fantastiques que le grand Zorathastrou veut vous faire découvrir...

— Tiens revoilà Lulu !

En effet ma sœur est en train de se saucissonner entre les arbustes. Elle se lève, éblouie par la soleil. Ce qu'elle peut être sale maintenant, exactement comme les autres petits lutins... Mais ça n'a vraiment pas l'air de la déranger ! Elle brandit son sept de pique comme un drapeau tout en faisant son plus beau sourire de majorette.

— Qu'est-ce qu'on fait maintenant ? Où on va ? demande-t-elle à son héros.

Yannick se lève, plus sorcier que jamais.

— Maintenant, dit-il, la fête va commencer ! Maintenant, mes petites lutines, nous allons danser !

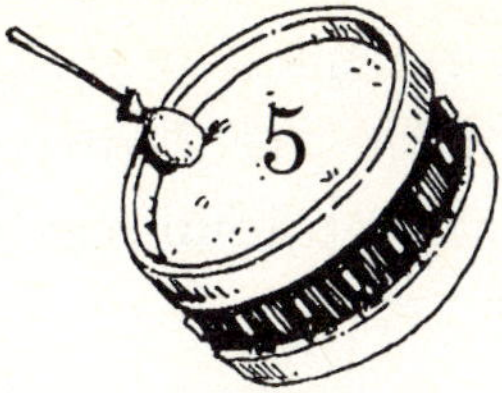

Le plus beau gars que j'aie jamais vu de ma vie

Plus nous avançons vers les statues d'anges et de démons, plus il y a de monde avec des couettes de *rasta* sur la tête et plus la musique des tambours est forte. Ça fait toc dans mon ventre, comme si ça résonnait jusque-là. Lulu glisse sa main dans la mienne, tout doucement, comme une souris. Elle pense peut-être que je ne m'en suis pas aperçue. Elle pense peut-être que, si je ne m'en aperçois pas, je n'enlèverai pas ma main...

Bof ! Pour cette fois je vais faire comme si je ne m'en étais pas rendu compte. Mais il ne faudrait quand même pas que ça devienne une habitude !

Devant ceux qui jouent du tam-tam et d'autres instruments tellement bizarres qu'ils ne doivent même pas avoir de nom, il y a au moins deux douzaines de personnes en transe. Il y en a même un qui a des favoris énormes et qui joue des castagnettes. Je le jure, il est en jupe, torse nu et il joue des castagnettes ! Et puis il y a une fille avec des cheveux longs jusqu'aux fesses qui danse presque sans bouger, les deux bras levés vers le ciel et les yeux tellement fermés qu'on pourrait croire qu'ils ne s'ouvriront jamais plus.

Il y a aussi une petite blonde assise par terre qui a mis ses pieds derrière sa tête et qui semble faire du mime hindou avec ses mains. Et puis il y a un Noir tout musclé qui doit se croire dans une compétition de gymnastique au sol parce qu'il fait sans arrêt des flip flap. Et puis un grand rouquin qui danse la danse du ventre. Et un petit gros à lunettes qui valse avec son chien.

Ça alors ! Si j'étais Lulu, je jure que j'y croirais à toute cette histoire d'autre dimension ! En tout cas elle semble adorer ça les fêtes au pays de Zorathastrou. Elle bat des mains, sautille comme un ouaouaron mécanique et invite à danser le premier chien jaune passant par là.

Yannick l'accompagne aussitôt et se met à la faire tourner, à la faire rire et à la faire tourner encore. Moi, je ne danse pas. C'est à mon tour d'être transformée en statue de sel ! Ce n'est pas parce que j'ai vu un monstre, une sorcière à trois bosses ou un vampire volant, ni parce qu'on m'a volé mon sept de pique.

Non. C'est tout simplement parce

que je viens de voir le plus beau gars que j'aie jamais vu de ma vie. Enfin ce n'est pas vraiment un garçon, c'est plutôt un monsieur. Pas un monsieur avec une cravate et des cheveux qui manquent. Non. Un homme. Un homme comme on en voit dans les vidéoclips à la télé.

Il joue du tambour, le plus gros des tambours. Ce n'est pas un instrument comme les autres, qu'on frappe avec ses mains. Son tam-tam à lui est penché sur un côté et il en joue avec un bâton en forme de *Q-tip* géant. Boum boum ! C'était donc ça qui résonnait dans mon ventre tout à l'heure... C'était le son du tambour du plus beau gars que j'aie jamais vu de ma vie.

Il a les cheveux longs, comme un vrai chanteur dans un groupe. Et puis il a la peau dorée et les yeux en amande et les dents blanches, blanches. On dirait que sa mère a suivi

exactement la recette pour créer le plus beau gars du monde, une recette avec des amandes dorées... On dirait qu'il ressemble à un Indien. Ou à un Espagnol-Chinois. Ou à un Japonais-Cherokee. Ou à un Russe bronzé. Enfin à personne que je n'ai jamais vu.

Et puis boum boum, encore... Il se redresse pour essuyer la sueur sur son front. Et il me regarde dans les yeux l'espace d'une seconde. Puis il rit et ça lui creuse des fossettes, puis il passe sa main dans ses cheveux en levant ses yeux vers le ciel. Et boum boum encore, dans mon ventre.

On dirait que le temps s'est arrêté. On dirait que ça m'a fait mal quand il m'a regardée. Ça y est, j'en suis sûre, c'est le coup de foudre. Seigneur ! Je suis devenue complètement chromo d'un seul coup ! J'ai eu le coup de foudre pour un HOMME ! Quelle horreur ! On croirait qu'un méchant sorcier m'a métamorphosée en Geneviève Beauchamp regardant des films d'amour à la télé. Elle a le coup de foudre pour tous les acteurs... mais pas moi, je le jure !

Mon cœur sautille comme un ouaouaron détraqué, mon cœur est un traître. Sans m'en rendre compte, j'ai placé ma main dessus, comme pour l'empêcher de faire des folies. Et ça fait MAL ! Seigneur ! Est-ce que c'est comme ça, un coup de foudre ?

Mais non ! Ce n'est pas mon cœur qui m'a fait mal. C'est mon bout de sein ! Ça alors ! Ça y est, mon bout de sein commence à pousser ! Je ne serai plus jamais la même Marcelle Nadeau... Prince des ouaouarons, viens à mon secours !

— Marcelle, qu'est-ce que tu fais ? Viens danser !

— Non, non Yannick... Je vais vous attendre là-bas. Je ne sais pas danser...

— Mais personne ne sait danser ici. Allons viens, c'est pas pareil, c'est l'autre dimension !

En disant ça, Yannick me tire par le bras et je me retrouve en plein milieu de la troupe de danse en transe, juste à côté du joueur de castagnettes à favoris. NON ! Pas ça ! Le plus beau gars que j'aie jamais vu de ma vie va s'apercevoir que je ne sais pas du tout danser...

— T'as juste à faire comme moi, dit Yannick. Tu vois c'est facile !

C'est vrai qu'il danse bien, lui. Je ne m'en serais jamais douté. Au party de fête de Geneviève Beauchamp, il n'a même pas dansé une seule fois.

On dirait que mes pieds pèsent deux tonnes. Je n'y arriverai jamais... Et pourtant je prends une grande respiration, et pourtant je ferme les yeux. Et je commence à danser, presque sans bouger, presque sans m'en apercevoir.

Toute la chaleur et le soleil de l'été sont entrés en moi d'un seul coup. Je n'ai pas encore rouvert les yeux, je ne sais même plus où je suis... Les tambours battent plus fort que mon cœur, le soleil caresse mon visage avec les doigts du vent. Ce qu'il fait chaud ! Ça me rend toute molle, comme si je nageais debout dans une mer tropicale.

Mon cœur bat au rythme du tambour du plus beau gars que j'aie jamais vu de ma vie. Je secoue la tête, les bras, les jambes ; si j'étais un pommier, j'aurais perdu toutes mes pommes !

Loin dans le brouillard, j'entends Lulu qui rit et Yannick qui dit :

— Regarde comme elle danse Marcelle !

Et je ris aussi, je ris de l'intérieur, les yeux toujours fermés pour mieux sentir. Pour mieux laisser la musique prendre toute la place.

Peut-être que le plus beau gars que j'aie jamais vu de ma vie me regarde. Peut-être que je devrais ouvrir les yeux et lui sourire. Mais peut-être que, si j'ouvre les yeux, le rêve va s'arrêter... Et je vais retomber sur terre, dans la dimension de tous les jours. Retomber dans ma peau de Marcelle Nadeau, sur mes jambes en échalote et mes genoux comme des navets, avec mes cheveux jamais peignés et mes taches de rousseur sur le nez. Dans mon corps de onze ans qui ne sait pas comment bouger et qui n'en finit plus d'allonger.

NON ! Je vais ouvrir les yeux et tout sera différent. Maintenant je sais danser et j'ai un bout de sein qui pique. UN ? Comment ça UN bout de sein ? Ça devrait être deux, non ? Ça y est, je vais être unijambiste des seins, il va falloir que je porte une prothèse, je ne pourrai plus jamais me baigner... Personne ne va m'aimer !

Prise de panique, j'ouvre grand les yeux... et mon regard tombe directement dans les yeux de Yannick. Dans ses yeux qui me sourient comme je ne les ai jamais vus sourire. Tiens ! Ça fait drôle. Est-ce qu'il me regardait comme ça depuis longtemps ? En tout cas, je suis pas mal belle dans ses yeux, tellement belle que je suis certaine de ne jamais devenir unijambiste des seins.

— Marcelle, j'ai faim, moi !

C'est Lulu qui a parlé, évidemment. Toujours aussi chromo... Non mais comment peut-on penser à manger par une journée pareille ! J'ai l'impression que je pourrais me passer de dîner jusqu'à l'an 2000. Dîner ? Zut ! C'est Anne-Lyse qui va s'inquiéter !

Je regarde ma montre, il est déjà midi et demi. Le temps ne s'est fichument pas arrêté !

— Yannick, il faut partir... Maman

va se demander où on est rendues. Viens Lulu, vite, on va aller dîner.

Sans oublier de jeter un dernier coup d'œil (déchirant) au plus beau gars que j'aie jamais vu de ma vie, je détale, les jambes à mon cou. Je zigzague entre les *rastas* et les sportifs, entre les chiens sans laisse et les bébés de toutes les couleurs, comme dans une vraie course d'obstacles.

— Marcelle, attends-nous ! Marcelle, écoute-moi, j'ai une idée !

Tout essoufflé d'avoir remorqué Lulu (pour une fois que c'est quelqu'un d'autre que moi), Yannick me rejoint sur la pelouse.

— On n'aura pas le temps de se rendre chez toi avant que ta mère ne commence à s'inquiéter... Il y a un téléphone public, juste en bas de la montagne. On va l'appeler pour lui dire que je vous invite à dîner !

— Où ça Yannick ? C'est où qu'on va dîner ? demande Lulu, trépignant d'impatience.

— Dans mon restaurant magique, voyons, répond-il en se drapant dans sa cape invisible, la cape du grand sorcier Zorathastrou...

La véridique et triste histoire de l'oncle Tony

Le restaurant magique du sorcier, je trouve qu'il a un drôle d'air de l'extérieur. Il ne ressemble pas à un restaurant chic en tout cas.

Yannick pousse la porte, ça fait tinter une clochette qui résonne avec un petit bruit mouillé. Comme une clochette sous-marine ! Il est tout petit ce restaurant, presque aussi petit que la cuisine chez nous. On pourrait croire qu'ils ont installé les tables dans un corridor tellement la pièce est longue et étroite...

Tout au fond, près de la caisse enregistreuse, il y a un vieux monsieur qui semble faire un petit somme. Et pourtant, d'un seul coup, sa tête frisée se redresse comme si on avait déclenché un ressort en ouvrant la porte. Un gros sourire en forme de croissant s'installe sur sa bouche.

— Yann, mon fils ! dit-il en bondissant sur ses pieds et en ouvrant les bras.

Quoi ? C'est son père ? Il me semblait qu'il était parti travailler à Vancouver, son père... Mais qu'est-ce que cette histoire ?

— Marcelle, Lulu, je vous présente mon oncle Tony.

Quoi ? Son oncle ? Pourquoi l'a-t-il appelé mon fils, alors ? Et puis il ne ressemble pas du tout à un Tony. Il parle avec un accent de... un accent d'Espagnol-Chinois ou de Japonais-Cherokee, peut-être même de Russe bronzé... En tout cas un accent que je n'ai jamais entendu de ma vie.

L'oncle Tony nous serre dans ses bras comme s'il nous connaissait depuis toujours, comme s'il nous avait fait « guili-guili » quand nous étions dans nos berceaux. Lulu se trémousse en attendant les compliments qui ne tardent pas à venir... Enfin tout le tralala !

Moi, j'en profite pour m'asseoir et regarder le menu qui est imprimé sur les napperons. Bon ! Je vais prendre un *grill cheese*. Ou deux. J'aime bien les *grill cheese* au restaurant, on dirait qu'ils sont meilleurs que ceux d'Anne-Lyse. Peut-être pas... Mais je ne sais pas pourquoi, j'aime mieux ça au restaurant.

Ça y est, Lulu dévoile ses trésors à l'oncle de son héros. Son sept de pique, son bâton de *popsicle,* tout va y passer ! Elle s'emmêle dans l'histoire du cercle de Trolls et Tony n'arrête pas de rire pendant que Yann essaie de lui faire des clins d'œil complices. Tony trouve qu'on a beaucoup d'imagination alors Lulu s'énerve en disant que c'est VRAI. Ses yeux se remplissent peu à peu d'angoisse. Il ne va quand même pas tout faire rater, l'oncle Tony... Si Lulu n'y croit plus, comment va-t-on faire pour continuer à jouer ?

Yann la rassure tout de suite et essaie sur son oncle le regard en coin plein de reproches au lieu des clins d'œil complices. On dirait que ça marche enfin parce que l'oncle Tony dit :

— Mais vous devez avoir faim, mes petits amis... Une journée aussi remplie de VRAIES aventures, ça creuse l'appétit ! Alors qu'est-ce qu'on peut vous servir ?

— Pour moi ce sera deux *grill cheese* !

Zut ! Je n'ai pas pu m'empêcher d'en demander deux. Qu'est-ce qu'il peut rire l'oncle Tony ! Et Lulu qui l'accompagne sans même savoir ce qu'il y a de drôle... Alors là ! Tony dit qu'il comprend pourquoi Yann et moi on s'entend si bien... Nous avons tous les deux un appétit d'ogre dans un corps d'échalote. Alors là !

Finalement tout le monde va manger des *grill cheese*. Avec de la salade parce que c'est meilleur pour la santé. Pendant que son oncle est à la cuisine, je demande à Yannick pourquoi son accent est aussi bizarre.

— C'est qu'il est né en Bulgarie... Il avait trente ans quand il est arrivé à Montréal et il ne parlait pas un mot de français.

— Alors pourquoi s'appelle-t-il Tony ?

— Parce que son vrai nom est tellement plein de X, de Y et de Z que tu ne pourrais même pas le prononcer !

— Moi je serais capable, dit Lulu. Je sais déjà dire ton nom, Zorothoustro.

— Zorathastrou voyons !

L'oncle Tony revient avec les assiettes et avec son sourire en croissant.

— Tony, pourquoi t'as changé de nom ?

J'ai beau écraser le pied de Lulu sous la table, elle continue quand même.

— Pourquoi t'es pas resté en Bulgurie ?

— Bulgarie, ma mignonne... Je vois que Yannick vous a déjà raconté beaucoup de choses... Allons ! Mangez pendant que c'est chaud ! Quand il ne restera plus rien dans votre assiette, je vous promets de vous raconter mon histoire. La véridique et triste histoire de l'oncle Tony.

Lulu attaque son *grill cheese* et avale tout, presque sans respirer. Ça fait rire l'oncle Tony qui dit que c'est la meilleure façon d'attraper des coliques. Ça fait rire Lulu aussi, comme chaque fois qu'elle entend un nouveau mot. Yannick lui dit qu'avoir des coliques, c'est exactement comme avoir un troupeau de ouaouarons derrière le nombril.

— Derrière le nombril ?

— Dans le ventre, voyons !

— Pouah ! J'en veux pas des coliques de ouaouarons...

L'oncle Tony est reparti vers la cuisine avec un air mystérieux. Lorsqu'il revient, il n'est pas tout seul. Il est accompagné par des sons vraiment étranges. Par une musique comme je n'en ai jamais entendu de ma vie. Yannick me dit que c'est une cornemuse en peau de chèvre qui joue comme ça, une cornemuse qu'on appelle « gaïda ». Et puis de l'accordéon et d'autres instruments dont il ne connaît pas les noms.

Tony incline le torse et se met à chanter avec une voix du nez. Puis il se met à danser en faisant toutes sortes de petits pas compliqués. Lulu applaudit, les yeux brillants et la bouche en O. Faut dire qu'il n'est pas comme les autres, l'oncle Tony ! Lulu demande si c'est la danse du ouaouaron, Yannick lui répond que la chanson parle d'un lapin. Ça me donne le fou rire, je ne sais pas trop pourquoi.

Tony s'assoit près de nous, un peu essoufflé.

— Je n'ai plus vingt ans, dit-il. Allons Yannick, raconte l'histoire de ton infortuné oncle de Bulgarie.

— Il y a très très longtemps...

— Pas si longtemps que ça, mon fils !

— Il n'y a pas si longtemps que ça, l'oncle Tony était l'étoile du ballet folklorique de Bulgarie.

— Danseur, Yannick, pas étoile...

— L'oncle Tony était danseur étoile ! Quand sa troupe est venue faire une tournée au Québec, Tony n'est jamais reparti. Il était tombé

amoureux de ma tante Anne.

— Amoureux fou !

— Follement amoureux de ma tante Anne !

— Elle avait les yeux verts, pleins d'éclairs de soleil...

— La peau qui sentait le pain d'épice...

— Les cheveux comme des réglisses...

— Et elle adorait la danse folklorique !

Oncle Tony soupire, les yeux dans ses souvenirs.

— Où elle est la madame avec des réglisses dans les cheveux ? demande Lulu pendant que Yannick lui écrase le pied que j'avais épargné tout à l'heure.

— Elle est partie, ma puce. Ça fait déjà tellement longtemps qu'elle est partie que j'ai arrêté de l'attendre.

Même Lulu ne dit rien. Ou bien elle n'a plus envie de se faire écraser les pieds, ou bien elle a compris la tristesse de l'oncle Tony. Celui-ci relève la tête et essaie de remettre un croissant sur sa bouche pour ajouter :

— Mais moi je suis resté ! J'étais aussi tombé amoureux de votre pays ! Et puis en Bulgarie, il fait beaucoup trop froid...

— Encore plus froid qu'ici ? que je demande, surprise.

— C'est dans mon cœur qu'il faisait froid là-bas...

— Chante la chanson du lapin-ouaouaron, oncle Tony, chante encore, dit Lulu comme pour chasser le vent mauvais, le vent d'automne qui est entré dans le petit restaurant sans qu'on l'y ait invité.

— J'ai une meilleure idée. Je vais vous apprendre ma chanson !

— Hourra ! crie Lulu en sautant se réfugier sur ses genoux.

La chanson de l'oncle Tony n'est pas très compliquée. On dirait que toutes les phrases ont le même air ! Mais les mots, alors là, les mots... ne ressemblent pas du tout à de vrais mots.

N'empêche qu'on finit par savoir par cœur au moins six phrases. Et au moins une demi-douzaine de pas de danse. Avec la musique d'accordéon et de tous les autres trucs, c'est du plus bel effet. Et puis chanter du nez, j'adore ça, on dirait que ça résonne jusqu'au fond de la tête !

Lulu mélange tout mais ce n'est pas grave, ça fait rire l'oncle Tony. Je le trouve assez sympathique maintenant... Et lui, il trouve que j'ai pas mal de talent pour la chanson bulgare ! Même qu'il m'appelle « Zaïtché » , ce qui veut dire « mon lapin ». Tout le monde applaudit parce que je peux chanter les six phrases sans jamais me tromper.

Lorsque la musique s'arrête, je grimpe sur une chaise et me mets à répéter les six phrases de plus en plus vite, pendant que les autres tapent des mains. Je fais tous les gestes à l'envers et ça fait encore rire l'oncle Tony.

— *Storil nièt zaïko*
Zaïko kokoraïko
Zaïko da sé jèni
Zaïko sèrbèzlia
Si natrèsol gaki
Oupartchil moustaki...

— Encore Marcelle, plus vite !

— *Storil nièt zaïko*
Zaïko kokoraïko...

La cloche sous-marine a tinté et l'oncle s'est retourné vers la porte avec un grand sourire. Rouge comme un ballon rouge, je coupe ma chanson en deux et m'assois à la vitesse de l'éclair... pour entendre deux mains qui m'applaudissent, qui retentissent dans le restaurant tout à coup silencieux. Je n'ose pas regarder vers la porte. Ce qu'ils doivent avoir envie de rire les gens qui sont entrés !

— Niko ! s’exclame l’oncle Tony. Viens que je te présente ma nouvelle chorale.

NON ! Mes pauvres oreilles bourdonnent comme une gaïda... Je ne suis pas une chorale !

— Niko, voici Marcelle la cantatrice soliste, Yannick mon neveu préféré et Lulu notre danseuse étoile !

Je suis bien obligée de lever les yeux et d’essayer de sourire. À côté des pieds du monsieur, il y a un tambour immense. Boum, dans mon ventre. En haut de ses pieds, il y a, il y a... le plus beau gars que j’aie jamais vu de ma vie. C’est pas vrai, ça ne peut pas être vrai. Au secours ! Il me sourit et me félicite pour la chanson. Ce que je trouve de mieux à faire est de sourire aussi pour essayer de lui cacher que je me sens toute molle.

Il ébouriffe les cheveux de Yannick et lui demande comment ça va. Puis il caresse la joue de Lulu qui ne trouve rien de mieux à faire que de se trémousser comme un ouaouaron manquant d'air. Puis il va s'asseoir avec ses amis qui sont entrés derrière lui.

Seigneur ! Je crois bien que mon deuxième bout de sein s'est mis à pousser, il me fait mal lui aussi. À l'aide !

— Tu en fais une tête, Marcelle... Tu te sens bien ? me demande Yannick.

— Oui oui. Dis donc, tu le connais le gars au tambour ?

— Un peu. Il vient souvent ici avec ceux qui jouent sur la montagne. Mon oncle Tony leur fait écouter de la musique bulgare et ils trouvent ça drôle. Niko, lui, il adore ça.

Niko. Tu parles d'un nom idiot pour le plus beau gars que j'aie jamais vu de ma vie. Ça me fait penser à un nom de perroquet ! Peut-être que sa mère est pirate et qu'elle porte une jambe de bois ! Peut-être qu'il est aussi chromo que Chouchou, après tout. Ça arrive que les beaux garçons soient chromos. Dans ma classe d'ailleurs, il y a juste deux beaux gars et les deux sont chromos et orgueilleux et même pas bons au ballon chasseur.

Mais à mon école, il n'y a que des petits garçons. Il n'y a pas un seul homme. À part M. Gingras, le prof d'éducation physique, et deux autres professeurs qui ne ressemblent pas du tout à Niko...

Grâce à mon affreux toupet trop long, je peux le regarder sans qu'il ne s'en aperçoive. De toute façon, il ne me voit pas, il est très occupé à parler à ses amis et surtout à une fille. Une fille avec les cheveux longs jusqu'aux fesses que j'ai l'impression d'avoir déjà vue quelque part.

— À quoi tu penses Marcelle ? me demande Yannick.

— À rien voyons...

Le prince des ouaouarons

Depuis que Niko est entré, le temps s'est mis à accélérer. Il est déjà trois heures et il va falloir bientôt rentrer.

L'oncle Tony a raconté des histoires à Lulu, Yannick en a rajouté et tout le monde a bien ri. Niko a parlé et reparlé à la fille qui a des yeux qui pétillent. Mes deux petits bouts de sein ont eu tout à fait envie de retourner d'où ils étaient venus.

Je soupire un peu, tout bas. Puis je dis à Lulu :

— Viens, on s'en va ! Maman va s'inquiéter si on rentre plus tard que d'habitude.

— Je vais vous raccompagner, dit le sorcier Zorathastrou en sautant sur l'occasion pour reprendre son rôle. Il va falloir que vous suiviez toutes mes instructions si vous voulez rentrer à la maison. Ce n'est pas si facile que ça de traverser les dimensions ! Nous allons devoir demander l'aide du prince des ouaouarons.

— Je le sais ce qu'on va faire ! s'exclame Lulu. C'est facile ! Je vais sauter trois fois pendant que Marcelle va dire : *Ouaouaron, gros yeux ronds*...

— Chut ! Ce n'est pas ça du tout... La formule magique, c'est pour entrer dans l'autre dimension. Pas pour en sortir ! Là il va falloir demander l'aide du VRAI prince des ouaouarons.

— Où il est, le prince ? Je ne l'ai jamais vu...

— Il est juste ici, Lulu. C'est Niko

le vrai prince des ouaouarons.

Niko ? Niko prince des ouaouarons ? Voyons ! Il est bien trop beau pour ça !

— Attendez-moi ici. Je vais lui parler.

Yannick me fait encore un de ses clins d'œil tout croches et se faufile jusqu'à la table de Niko. Il lui dit quelque chose à l'oreille, Niko éclate de rire, chuchote lui aussi... et ça dure comme ça au moins cinq minutes.

Le sorcier revient avec un grand sourire et annonce à Lulu :

— Nous avons beaucoup de chance. Messire le prince des ouaouarons accepte de nous aider...

J'ai bien vu que, pendant que Yannick nous parlait, Niko a dit quelque chose à la fille aux yeux pétillants. Je l'ai reconnue, c'est elle qui dansait sur le mont Royal les yeux fermés ! Maintenant elle sourit avec les coins de la bouche par en bas. Puis il lui caresse la joue, encore plus doucement qu'il ne l'a fait à Lulu. Beaucoup plus doucement qu'il ne me le fera jamais, à moi. Puis il se lève et marche vers nous.

— Je vous salue bien bas, mes amis. Nous n'avons pas une minute à perdre si vous voulez changer de dimension. Je vais vous escorter jusqu'à la porte de votre monde et m'assurer que vous rentrerez saines et sauves à la maison. Sorcier Zorathastrou, tu viens avec nous. Nous aurons besoin de toi ! En route !

Yannick embrasse son oncle qui nous embrasse lui aussi sur les deux joues. Il nous fait promettre de revenir le voir un jour. Niko ramasse son tambour et sort dans la rue, en faisant sonner la clochette sous-marine. Il nous conduit jusqu'à une vieille auto blanche et brune (le brun, je ne crois pas que c'était prévu par ceux qui ont construit l'auto) et il met son tambour dans le coffre arrière.

— Je n'ai pas emmené mon cheval volant, dit-il avec un sourire d'excuse. Mais qu'importe, mon auto Pégase fera l'affaire... Si vous voulez bien monter à bord, mesdemoiselles.

Lulu veut s'asseoir devant, évidemment. Je lève les yeux au ciel et ça fait rire Niko. Ça ne fait pas du tout rire Yannick qui me regarde avec un drôle d'air.

Niko essaie de démarrer l'auto qui ne fait que tousser comme un ouaouaron enrhumé. Lulu dit qu'elle ne marche pas parce qu'on a oublié quelque chose. Elle s'assoit en petit bonhomme sur le banc et sautille comme une grenouille, trois fois évidemment. Ça commence à m'énerver, on dirait même que je n'ai plus du tout envie de jouer.

— Dis les paroles magiques, Marcelle !

— Non non, pas besoin...

— Mais Marcelle, on ne pourra

jamais retourner chez nous si tu ne les dis pas !

— Arrête de faire le bébé là...

— Allons Marcelle ! Je suis sûr que Pégase va démarrer si elle entend les paroles magiques, dit doucement Niko en se retournant pour me regarder dans les yeux.

Et il me regarde encore dans les yeux pendant que je récite en bafouillant la formule du ouaouaron. Puis il sourit, sans oublier ses fossettes. Et vroum ! Pégase a démarré ! Et vroum ! j'ai encore envie de jouer !

*   *   *

En auto, ça va beaucoup plus vite qu'en « zarautaubusto »... On est déjà rendus dans la ruelle qui n'existe pas. Niko a apporté son tambour et nous marchons en silence jusqu'à la fenêtre borgne. Lulu serre la main de Yannick comme si elle croyait ne plus jamais le revoir. Moi c'est mon cœur qui se serre comme dans un soulier trop petit, qui se ratatine en pensant que, peut-être, je ne reverrai plus le plus beau gars que j'aie jamais vu de ma vie. Jamais.

Niko dépose son tambour et prend une grande respiration.

— Mes amis, voici venu le moment fatidique !

— Qu'est-ce que c'est que ça, fatidique ? demande Lulu en éclatant de rire comme chaque fois qu'elle entend un nouveau mot.

— Chut ! que je rugis en la foudroyant du regard.

— Voici venu le moment où vous allez pénétrer dans votre dimension, reprend le prince des ouaouarons sans se laisser démonter. Aucune grande personne n'a jamais réussi à prendre le chemin du retour... Il n'y a que les enfants qui ont assez de pouvoirs magiques pour pouvoir le faire.

Pff ! les enfants ! Si j'étais moins

gênée, je lui dirais à Niko que lorsqu'on a deux bouts de sein qui poussent, on n'est plus tout à fait une enfant. Je dois faire un peu de transmission de pensée parce qu'il ajoute aussitôt :

— Même les grands enfants ont des pouvoirs magiques... Il n'y a que les adultes qui n'en ont pas.

— Mais toi, Niko, tu as des pouvoirs ! réplique Lulu.

— Oh non, répond-il avec un triste sourire. C'est pour ça que je ne vous accompagnerai pas de l'autre côté... Je ne peux rester que dans mon petit monde à moi, n'est-ce pas Zorathastrou ?

Yannick hoche la tête, gravement.

— Le secret, continue Niko, est tout simple. Pour pouvoir retourner de l'autre côté, il suffit de penser à quelqu'un qu'on aime très fort.

— Je vais penser à toi ! s'exclame Lulu en regardant Yannick.

— Non ma puce. Il faut penser à quelqu'un qui est de l'autre côté, dans ta dimension.

— Est-ce que je peux penser à Chouchou alors ?

Niko me regarde, interrogateur.

— C'est sa perruche, que je dis. Une perruche garçon !

— C'est aussi le messager de l'autre dimension, ajoute Yannick.

— Ce sera parfait alors, déclare le prince des ouaouarons. Pendant que tu vas fermer les yeux et penser très fort à ta perruche, Marcelle va chanter la chanson de l'oncle Tony. Moi, je vais jouer de mon tambour magique et Zorathastrou va danser la danse du lapin.

Je me mords les lèvres pour retenir un fou rire. Lulu a l'air de prendre tout ça tellement au sérieux ! Niko lui dit de se concentrer très fort parce que la réussite de notre voyage dépend d'elle.

— C'est facile de penser à Chouchou, dit-elle. Ne t'inquiète pas...

— Alors on y va tout de suite. Ferme bien les yeux.

Dès qu'on ne voit plus que les paupières de ma sœur, Niko me lance un regard complice et un sourire en coin. Je pense qu'il n'est pas chromo une seule miette, finalement, même s'il est plus beau que tout. Boum boum ! Je commence la chanson du lapin sur n'importe quelle note. On dirait qu'elle n'est plus pareille quand elle est accompagnée par le tambour du prince des ouaouarons. J'en oublie même de chanter du nez...

Lulu ouvre tout à coup les yeux pour dire qu'elle a vu Chouchou POUR DE VRAI et que lui aussi chantait la chanson du lapin.

— Chut ! qu'on dit tous en même temps.

Ensuite Yannick embrasse Lulu et Niko lui caresse la joue et la soulève

dans ses bras pour la faire entrer par la fenêtre. Quand elle est rendue de l'autre côté, Niko lui dit de fermer encore les yeux et de repenser très fort à Chouchou pour que je puisse traverser les dimensions comme elle.

Puis Yannick m'embrasse, juste au coin des lèvres... Je me demande s'il l'a fait exprès ? En tout cas c'est à son tour d'avoir les oreilles rouges ! Puis Niko croise ses mains pour me faire la courte échelle. J'y dépose le pied et mets la main sur son épaule, tout à coup aussi rouge que Yannick.

— Pense à quelqu'un que tu aimes toi aussi, me chuchote Niko en m'embrassant sur la joue.

Oh ! Je crois que je vais tricher, parce que je ne vais pas penser à quelqu'un qui est de l'autre côté. Je ne peux penser à personne d'autre qu'au plus beau gars que j'aie jamais vu de ma vie. Je ne peux penser à rien d'autre qu'à son baiser qui me mouille encore la joue. Le baiser qu'il m'a donné. À moi toute seule.

— Est-ce que je peux ouvrir les yeux ? demande Lulu.

— NON ! que nous répondons tous en même temps pendant que Niko me hisse jusqu'à la fenêtre.

Boum ! Je suis de l'autre côté. Je crois que mon cœur a décidé de s'arrêter de battre et mes seins de cesser de pousser.

— Maintenant Marcelle, tu vas fermer les yeux toi aussi. Vous allez compter jusqu'à dix, très lentement. Ensuite vous pourrez les rouvrir... C'est à ce moment seulement que vous serez tout à fait de retour dans votre dimension.

Je ferme les yeux à regret sur le clin d'œil de Yannick et le sourire de Niko. Je prends la main de Lulu, sans même attendre qu'elle la glisse dans la mienne. Chaque chiffre nous éloigne davantage de cette journée magique, de cette journée qui ne reviendra jamais plus.

Lorsque j'ouvre enfin les yeux, le prince et le sorcier ont disparu. Lulu ouvre la bouche en O sans pouvoir émettre un son. Je ris sous cape en me disant qu'ils sont problablement cachés derrière les poubelles géantes, au fond de la ruelle.

— Regarde ! s'cxclame Lulu en ouvrant des yeux comme des soucoupes.

Par terre, juste à l'endroit où se tenaient Yannick et Niko, il y a maintenant deux ouaouarons... En caoutchouc, bien sûr, mais deux ouaouarons quand même ! Ça alors ! Est-ce que Yannick les a traînés dans sa poche toute la journée ? Mais comment aurait-il pu savoir à l'avance ce qui allait se passer... Et si c'est Niko qui était un peu sorcier ?

Lulu ne cesse de répéter :

— C'est magique, Marcelle, magique !

— Vite ! Sortons d'ici avant de réveiller les Rokcroks, que je dis en la tirant derrière moi.

Le plancher craque, la poussière flotte, les araignées tissent leur toile. Et, en passant sous le grand X de bois, nous voilà déjà de retour dans notre vie ordinaire.

Z, le sorcier

Lulu a de la difficulté à s'endormir ce soir. Il a fallu qu'Anne-Lyse lui raconte une histoire, il a fallu que je lui promette qu'on retournerait bientôt dans l'autre dimension, il a fallu que je lui promette qu'elle reverrait son héros, le grand Zorathastrou.

Mais ça n'a pas suffi. Il a fallu que je lui promette aussi que Chouchou, en digne messager du monde de la ruelle qui n'existe pas, allait lui apporter un message du sorcier. L'effet a été instantané, je dirais même magique. Lulu s'est retournée sur le ventre et s'est mise à respirer fort après avoir murmuré :

— On va jouer encore à l'autre dimension, on va jouer encore...

Et elle ne s'en est même pas aperçue quand j'ai éteint sa lampe de poche !

Je suis sortie sur la pointe des pieds et j'ai demandé à Anne-Lyse si je pouvais aller chez Yannick. Elle a répondu :

— D'accord, mais seulement quinze minutes.

Elle trouve que je n'ai pas le même air que d'habitude ce soir, que j'ai l'air un peu fatigué. Je grimpe les deux étages qui séparent notre appartement de celui de Yannick et j'hésite un peu avant de frapper à la porte, sans trop savoir pourquoi. Je crois bien que mon ami a entendu le plancher craquer parce que la porte s'entrouvre aussitôt sur son visage.

— C'est toi, Marcelle ? me demande le coin de sa bouche (l'autre coin est toujours caché derrière la porte).

— Tu le vois bien ! que je ne peux m'empêcher de répondre.

Yannick sort de chez lui et nous nous assoyons sur la dernière marche de l'escalier.

— Alors, vous avez aimé votre journée, madame la cantatrice ?

Je hoche doucement la tête.

— Et le prince des ouaouarons, vous l'avez beaucoup aimé aussi, je crois...

Je hausse les épaules, à demi agacée.

— Dis donc Yannick, il me semblait qu'on était supposé tout se dire, nous deux... Pourtant, on dirait qu'il y a bien des choses que tu me caches !

— C'est pas que je les cache, répond-il en hésitant un peu. C'est juste que des fois je ne suis pas certain que tu vas aimer les mêmes choses que moi, ni les mêmes personnes.

— Ah bon !

— Quand on était petits, j'étais certain que nous étions pareils... Mais là je me suis rendu compte que nous étions plutôt différents. Et puis toi aussi tu en as des secrets. Tu ne m'as jamais dit que tu voulais explorer la ruelle qui n'existe pas.

— Hum, hum. T'as raison, on commence à avoir des secrets. Mais aussi, je te vois moins souvent. Pourquoi tu ne viens presque plus au terrain de jeux ?

— Parce que ça me fait penser à l'école. On nous dit tout le temps quoi faire !

— Mais non c'est pas comme à l'école... En plus, je pensais que tu aimais ça l'école !

— Pas comme toi, Marcelle. Et puis je ne m'entends pas facilement avec tout le monde. En tout cas pas avec ceux qui sont dans ma classe. Mais ceux que j'aime, je les aime pour toujours, ajoute-t-il en me regardant avec des yeux brillants comme des lunes.

Avant de rougir des oreilles et des joues aussi, je lui dis bien vite pourquoi je voulais lui parler ce soir.

— Tu te rappelles quand on a dit à Lulu que Chouchou était le messager de l'autre dimension ?

Il sourit en disant oui oui.

— Comme elle n'arrivait pas à s'endormir tantôt, je lui ai promis que Chouchou lui apporterait un message de l'autre dimension, un message de Zorathastrou...

— Ça c'est une bonne idée ! On va mettre une petite lettre dans la cage de Chouchou pour que Lulu la découvre demain matin en se réveillant. Super !

Pendant que Yannick écrit le message secret dans sa chambre, je regarde un peu la télé avec son père. Son père regarde souvent la télé mais il ne parle pas très souvent par exemple. C'est à peine s'il a remarqué que j'étais là...

Yannick sort enfin de sa chambre, tout excité, et me remet deux petites enveloppes. Décidément, il prend son rôle de sorcier très au sérieux !

— Bon ! Je vais y aller... Ma mère trouve que j'ai l'air fatigué ce soir.

— Je ne trouve pas... Tu vas mettre les messages dans la cage tout de suite en arrivant ?

— Oui, oui.

— Parfait ! Bonne nuit !

— À demain...

Je me demande ce qu'il a écrit dans les petites enveloppes... À peine arrivée à côté de la cage de Chouchou, je décide que j'ai bien le droit de lire les messages ce soir, après tout. J'en ai bien assez de tous ces secrets.

Sur la première enveloppe c'est écrit : À Mademoiselle Lulu, danseuse étoile. Il me semble que ce serait dommage d'ouvrir l'enveloppe, elle est toute bien cachetée.

Sur la deuxième enveloppe, c'est

écrit : À Mademoiselle Marcelle, cantatrice soliste. Quelle idée ! Pourquoi m'a-t-il écrit un message ? Il sait bien que je n'y crois pas à toutes ces histoires... Je décide de déposer la lettre de Lulu dans la cage de Chouchou sans la lire. Puis j'apporte la mienne dans ma chambre.

Je déchire l'enveloppe sans prendre la peine de faire attention, trop curieuse. Dedans il y a un petit carré de papier jaune. Avec écrit dessus : Je t'aime.

Et à la place de la signature, il y a juste trois lettres : X Y Z. Ça alors !

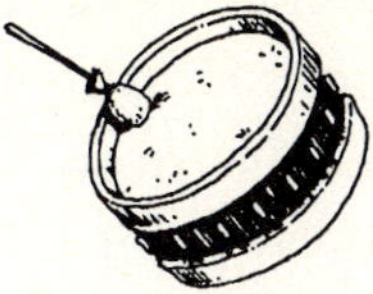

Épilogue

Je suis couchée sur mon lit et mes pensées tournent tellement vite que j'en suis tout étourdie.

Pourquoi Yannick a-t-il écrit « Je t'aime » ? Est-ce que c'est une blague ? Est-ce que ça fait partie du jeu du sorcier Zorathastrou ? Peut-être que c'est pour ça qu'il a signé X Y Z... Z pour Zorathastrou, Y pour Yannick, et X, pourquoi X ? Oh ! Ça doit être pour un baiser, comme celui qu'il m'a donné juste au coin des lèvres...

Moi, je l'aime aussi Yannick, mais c'est mon ami. Il me semble qu'on ne devrait pas écrire « Je t'aime » à sa meilleure amie... Et puis mon cœur ne fait pas de bonds quand je suis avec lui. Pas comme quand j'ai vu Niko en tout cas. Peut-être que le cœur de Yannick a fait un bond ou deux quand il m'a vue danser. Peut-être...

Est-ce qu'on peut aimer deux garçons en même temps ? Je veux dire un homme et un garçon. Est-ce qu'on peut être amoureuse de son meilleur ami ? Avoir le ventre qui fait toc, la tête qui bourdonne et les bouts de sein qui se mettent à pousser, est-ce que c'est ça, l'amour ?

Ah ! Et puis zut ! C'est bien compliqué tout ça. Des fois j'aimerais mieux être comme Lulu et avoir juste envie de jouer avec ma sœur et mon Chouchou. Des fois j'aimerais bien que mon seul problème soit de ne pouvoir m'endormir sans une lampe de poche et des biscuits soda... Des fois j'aimerais mieux croire que Yannick et Zorathastrou ne sont pas une seule et unique personne. Des fois je voudrais bien m'arrêter de grandir.

Je regarde les murs parce que les questions tournent moins vite quand j'ai les yeux ouverts. Mon regard glisse sur la commode, sur les tiroirs ouverts et les bas qui dépassent, sur les dizaines d'affiches que j'ai collées un peu partout, sur mon vieux masque d'Halloween.

Je me demande pourquoi je l'ai gardé, ce vieux masque-là. Il est tellement affreux ! Tellement bizarre surtout...

Et tout à coup je comprends pourquoi il est aussi étrange. C'est un masque raté, on dirait qu'ils se sont trompés en le fabriquant ! Les couleurs sont celles d'un masque de princesse, avec les cheveux blonds, la couronne bleue, les joues roses... Mais par-dessus tout ça, on voit de gros traits noirs qui dessinent un nez crochu, des sourcils épais, un sourire édenté et même une verrue ! C'est un masque demi-sorcière, demi-princesse !

Seigneur ! Et dire que je ne l'avais jamais remarqué. Je me lève d'un bond et cours le décrocher de sa punaise. Je le place devant mon visage, me regarde dans le miroir... et je me reconnais tout à fait ! Demi-sorcière demi-princesse, à moitié grande à moitié petite, triste et gaie et à demi amoureuse (ou peut-être amoureuse deux fois), avec des seins qui poussent à moitié...

Je me recouche sur mon lit, sans défaire les couvertures, gardant toujours le masque. Ce qu'on peut grandir des fois en une seule journée ! Peut-être que bientôt, je vais trouver ça tout à fait normal de recevoir des lettres d'amour et d'avoir le coup de foudre pour un prince à moitié ouaouaron. Ou peut-être Japonais-Cherokee. Ou peut-être...

La porte s'ouvre et Anne-Lyse entre en coup de vent, comme elle le fait toujours.

— Mon Dieu Marcelle ! Mais qu'est-ce que tu fais là ?

— Rien maman... Ça ne t'est jamais arrivé, à toi, de rêver tout éveillée ?

FIN

Table

1 Il pleut des miettes de biscuit 9
2 Non ! 19
3 La ruelle qui n'existe pas 25
4 Sur la montagne de Zorathastrou 43
5 Le plus beau gars que j'aie jamais vu de ma vie 57
6 La véridique et triste histoire de l'oncle Tony 71
7 Le prince des ouaouarons 87
8 Z, le sorcier 103
Épilogue 111

Dans la collection Boréal Inter

1. *Le raisin devient banane* de Raymond Plante
2. *La Chimie entre nous* de Roger Poupart
3. *Viens-t'en Jeff* de Jacques Greene
4. *Trafic* de Gérald Gagnon
5. *Premier But* de Roger Poupart
6. *L'Ours de Val-David* de Gérald Gagnon
7. *Le Pégase de cristal* de Gilberto Flores Patiño
8. *Deux heures et demie avant Jasmine* de François Gravel
9. *L'Été des autres* de Johanne Mercier
10. *Opération Pyro* de Saint-Ours
11. *Le Dernier des raisins* de Raymond Plante
12. *Des hot-dogs sous le soleil* de Raymond Plante (à paraître)
13. *Y a-t-il un raisin dans cet avion ?* de Raymond Plante

Dans la collection Boréal Junior

1. *Corneilles* de François Gravel
2. *Robots et Robots inc.* de Philippe Chauveau
3. *La Dompteuse de perruche* de Lucie Papineau
4. *Simon-les-nuages* de Roger Cantin
5. *Zamboni* de François Gravel
6. *Le Mystère des Borgs aux oreilles vertes* de Marc-André Paré
7. *Une araignée sur le nez* de Philippe Chauveau
8. *La Dompteuse de rêves* de Lucie Papineau
9. *Le Chien saucisse et les Voleurs de diamants* de Raymond Plante et André Melançon
10. *Tante-Lo est partie* de Francine Girard
11. *La Machine à beauté* de Raymond Plante
12. *Le Record de Philibert Dupont* de Raymond Plante

Infographie : Édition•Typographie•Conseils (ETC)
Montréal, Québec

Achevé d'imprimer au Canada
Imprimerie Gagné Ltée
Louiseville

Mars 1991